AF229818

ÉPITRE AUX HOMMES

QUI OSENT

RÉHABILITER L'EMPIRE

RÉPONSE AU *PETIT CAPORAL*

PAR

A. MENDÈS

L'Empire a enlevé à la France le peu
de vertu qui lui restait.
Paroles de Mgr. Dupanloup à l'Assémblée nationale.

Prix : 50 Centimes.

PARIS

LIBRAIRIE DE MARIE BLANC, ÉDITEUR

54, RUE DOMBASLE

ÉPITRE AUX HOMMES

QUI OSENT

RÉHABILITER L'EMPIRE

ÉPITRE AUX HOMMES

QUI OSENT

RÉHABILITER L'EMPIRE

RÉPONSE AU *PETIT CAPORAL*

PAR

A. MENDÈS

L'Empire a enlevé à la France le peu
de vertu qui lui restait.

Paroles de Mgr. Dupanloup à l'Assemblée nationale.

PARIS

LIBRAIRIE DE MARIE BLANC, ÉDITEUR

54, RUE DOMBASLE

[illegible]

[illegible]

[illegible]

[illegible]

[illegible]

[illegible]

[illegible]
[illegible]
[illegible]
[illegible]
[illegible]

[illegible]
[illegible]
[illegible]
[illegible]
[illegible]

[illegible]
[illegible]

ÉPITRE AUX HOMMES

QUI OSENT

RÉHABILITER L'EMPIRE

« Quand la force n'est que l'exécution des vœux
» du pays, que celui-ci fatigué d'un gouvernement
» qui le ruine et le déshonore, appelle de tous ses
» vœux une main ferme pour le tirer de l'abîme
» comme au *18 Brumaire* et au *2 Décembre*, la
» force n'est pas la force brutale, c'est le seul
» moyen de sauver un peuple qui, en acclamant
» son sauveur, le couvre de sa toute-puissante res-
» ponsabilité. »

Telle a été la thèse défendue par le rédacteur
en chef du *Petit Caporal* à un banquet organisé
en mars dernier dans le XIVe arrondissement, pour
fêter l'anniversaire de la naissance de l'ex-prince
impérial, puis le journaliste bonapartiste continue :

« Après la force vient la ruse qui mine secrète-
» ment le terrain sur lequel le pouvoir existant

» repose en sécurité jusqu'au moment où il s'ef-
» fondre comme on l'a vu en 1830 et au 4 septem-
» bre 1870, par suite des trahisons de Louis-Phi-
» lippe et consorts, de Trochu et de ses complices.

» Il y a ensuite le secours de l'étranger, c'est ce
» moyen qu'ont employé les Bourbons en 1814 et
» en 1815, pour remonter sur le trône ; c'est aussi
» de cet ignoble moyen dont se sont servis les
» traîtres du 4 septembre pour renverser l'Empire
» et se mettre à sa place (1). »

Nous ne saurions trop énergiquement protester,
du moins dans le cas particulier qui nous occupe,
contre une doctrine aussi déraisonnable. Comment !
parce que un prince tel que Louis-Napoléon se sera
imaginé que la France veut un sauveur et que ce
sauveur est lui, il pourra impunément violer un
serment et par un coup de force faire un 2 décembre, c'est-à-dire massacrer sur le boulevard Mont-
martre de malheureuses femmes, de pauvres en-
fants, et emprisonner des citoyens qui n'avaient
qu'un tort : celui de faire respecter la constitution
républicaine que le prince Louis avait lui-même
juré de défendre. Je le répète, cette doctrine est

---

(1) Le *Petit Caporal*, 21 mars 1877.

déraisonnable et par cela même inadmissible (1).

Voici en quels termes, le 20 décembre 1848, le neveu du grand Napoléon prêtait le serment auquel nous faisons allusion :

« En présence de Dieu et devant le peuple fran-
» çais représenté par l'Assemblée nationale, je
» jure de rester fidèle à la République démocra-
» tique, une et indivisible et de remplir tous les
» devoirs que m'impose la constitution. » Puis, non content de ce serment, le prince Louis ajouta : « Je regarderai comme *ennemi de la patrie tous*
» *ceux qui tenteraient par des voies illégales*
» *de changer la forme du gouvernement éta-*
» *bli.* »

J'en appelle aux honnêtes gens qui ne se laissent point aveugler par l'esprit de parti, que pensent-ils d'un prince qui, devant Dieu et devant les hommes, jure fidélité à un gouvernement qu'il devait renverser plus tard ? Est-ce là le fait d'un politique sérieux ?

Mais disent les bonapartistes le pays appelait

---

(1) D'après des chiffres officiels extraits du *Moniteur*, du *Constitutionnel* et de la *Gazette des Tribunaux*, le bilan du 2 décembre se décompose ainsi : 89 représentants expulsés et 8,000 Français fusillés, déportés ou disparus.

de tous ses vœux une main ferme pour le tirer de l'abîme et d'ailleurs le plébiscite a amnistié le prince Louis. Ah oui parlons-en de vos plébiscites !

Quand le pouvoir est vacant, j'admets parfaitement que les citoyens soient appelés à se prononcer sur la forme du régime qu'ils préfèrent. C'est légal, mais, quand le plébiscite est réclamé pour légitimer un coup de force préalablement accompli dans les circonstances que nous savons, alors ce plébiscite est nul et de nul effet, c'est-à-dire caduc.

Les bonapartistes affirmeraient-ils, par hasard, que le plébiscite demandé pour absoudre le 2 Décembre a été entouré de toutes les conditions voulues de liberté et de sincérité ? Si, oui, nous le nions et à l'appui de notre négation, nous ne saurions mieux faire que de mettre en évidence la proclamation suivante adressée à l'armée quarante-huit heures après le coup d'Etat.

Soldats,

« Aujourd'hui, en ce moment solennel, je veux » que l'armée fasse entendre sa voix. Votez donc » librement comme citoyens, mais comme sol- » dats n'oubliez pas que *l'obéissance passive aux* » *ordres du chef du gouvernement est le de-* » *voir rigoureux de l'armée.* »Cette pression ne paraissant pas suffisante le président de la République adopta le mode de votation par signature.

Oserez-vous encore soutenir, Messieurs les sédentaires, que le vote de l'armée a été libre, absolument libre ? Non, n'est-ce pas ! Mais direz-vous peut-être. Et le vote des civils ? Eh bien le vote des civils n'a pas été plus libre que le vote des militaires. En douteriez-vous ? Ecoutez !

Après Décembre, M. de Morny s'empresse d'écrire aux préfets :

« Vous remplacerez immédiatement les juges de » paix, les maires et autres fonctionnaires dont le » concours ne' vous serait pas assuré. » Donc le gouvernement entendait se servir de l'influence que pouvaient avoir sur les populations les juges de paix, les maires et tous autres fonctionnaires pour faire légitimer une usurpation, aussi n'avons-nous point été surpris de voir le sous-préfet de Valenciennes, fidèle aux instructions ministérielles, ordonner *d'arrêter quiconque mettrait en doute la loyauté des actes du gouvernement.*

Où donc était alors la liberté du vote ?

Je dis plus haut que l'armée n'a pas été libre dans son vote. Je fournis une nouvelle preuve à l'appui de mon dire.

En effet, le maréchal de Saint-Arnault, ministre de la guerre, prescrivait ceci par une circulaire adressée aux troupes :

« L'armée doit exprimer sa volonté dans les
» quarante-huit heures et je compte sur la *prompte*
» et *sévère répression* de la moindre tentative de
» trouble. »

Trente départements sont mis en état de siége.
Toute réunion est interdite.

A Paris, dès le 4 septembre, il était décidé que
le moindre rassemblement serait dispersé sans
sommation et par force. Quatre-vingts journaux
étaient saisis ou suspendus. La presse avait passé
de vie à trépas. C'est dans ces conditions, alors
que la France était affolée, que fut voté le plébiscite.

Admettons que tout s'est passé régulièrement et
que le peuple jouit, en vertu de sa souveraineté
du privilége, d'absoudre un prétendant quelconque
d'un coup de force qu'il se croit en droit d'accom-
plir pour sauver un peuple ? Il reste Dieu, ce Dieu
en présence duquel le prince Louis a, le 20 décembre 1848, prêté serment de fidélité à la Constitution républicaine (1).

Les bonapartistes pensent-ils que Dieu s'est mon-

---

(1) Un article de la Constitution de 1848, porte qu'au cas où
le chef de l'Etat viendrait à ne pas respecter cette Constitution et chercherait à la renverser, tous les citoyens sont invi-
tés à s'opposer même par la force à cette violation. Et c'est
cette Constitution que le prince Louis avait juré de défendre.

tré d'aussi bonne composition que le peuple, c'est-à-dire que Dieu a, lui aussi, amnistié Louis-Napoléon. « Si oui, nous opposerons aux bonapartistes, qui en leur qualité de « conservateurs » sont bons catholiques, le syllabus qui déclare *anathème* à tout prince qui aura violé un serment. »

Qu'en pensez-vous, M. Granier de Cassagnac fils, défenseur patenté du catholicisme ?

Non, en vérité, vous ne sauriez légitimer un acte aussi coupable que l'acte de décembre et nous affirmons aujourd'hui plus que jamais que le prince Louis-Napoléon, en manquant à la foi jurée, a usurpé un pouvoir qui ne lui appartenait pas.

Vous accusez le général Trochu de traîtrise. Nous vous défions de nous donner des preuves sérieuses de la traîtrise du général Trochu, tandis que nous sommes à même de prouver que dans votre propre parti il s'est trouvé un maréchal de France dont la conduite a été autrement condamnable que celle du général Trochu et ce maréchal s'appelle Bazaine !

Quant aux hommes du 4 septembre, qui, dites-vous, sont aussi des traîtres et de *dégoûtants* personnages (1) ils n'ont point comme vous le préten-

---

(1)　　　　　　Saint-Germain-en-Laye, 2 mars 1877.

Monsieur le Rédacteur,

J'ai l'honneur de vous informer que je renouvelle mon

dez, renversé l'Empire, puisque l'Empire s'est renversé tout seul à Sédan.

Et d'ailleurs les hommes du 4 septembre ne peuvent-ils pas vous répondre :

Si nous avons agi par un coup de force qui s'est effectué, contrairement au 2 décembre, sans effusion de sang c'est que la volonté du pays nous y poussait ainsi que le démontre surabondamment le vote librement exprimé par des représentants non moins librement élus, lesquels représentants ont, dans une séance mémorable, voté à l'unanimité moins six voix la déchéance de cet Empire néfaste, qu'ils ont avec raison rendu responsable de la *ruine*, de l'*invasion* et du *démembrement* de la France (1).

---

abonnement à votre charmant *Petit Caporal*, que je dévore avec plaisir.

Je suis heureux de voir comme vous démontrez à vos lecteurs toutes les turpitudes de ces *dégoûtants* personnages du 4 Septembre, les Adolphe, les Léon, les Jules.

Je regrette de ne pas avoir le talent de la plume, car je les habillerais mieux que Dussautoy.

Veuillez agréer, Monsieur le rédacteur, mes salutations empressées.

P...

Ex-sous-officier aux dragons de l'Impératrice.

(*Petit Caporal*, 8 mars.)

(1) DÉCHÉANCE

De Napoléon III et de sa dynastie
Votée par l'Assemblée nationale à l'unanimité
Moins 6 voix dans sa séance du 1er mars 1871.

L'Assemblée nationale clôt l'incident, et dans les circons-

Non, mille fois non, le 2 Décembre ne saurait être légitimé et quant à l'empereur, en admettant même qu'il fût encore empereur après Sédan, le peuple était en droit (du moins c'est là une thèse fort soutenable), de lui retirer son mandat, parce que mandataire du peuple il n'avait pas su gouverner pour le bien de tous (1), surtout en nous lançant, sans y être préparés, dans des guerres aussi désastreuses que celles du Mexique et de la Prusse.

Or, en pareille matière, il est admis par les hommes politiques les plus sérieux et qui ne sont point « révolutionnaires, » que pour sauver une nation conduite à sa perte soit par l'incapacité, soit par l'ambition de son chef, soit par toute autre cause, il n'y a qu'une chose à faire : le renverser.

Cette doctrine, qui consiste à affirmer que tout prince qui ne gouverne pas dans l'intérêt de la na-

---

» tances douloureuses que traverse la patrie et en face de
» protestations et de réserves inattendues, confirme la *dé-*
» *chéance* de Napoléon III et de sa dynastie déjà prononcée
» par le suffrage universel, et le déclare responsable de la
» *ruine*, de l'*invasion* et du *démembrement* de la France. »

(1) L'abbé Denys, curé de Saint-Eloi, attribue avec raison la chute de Charles X à cette cause principale savoir: que le chef de l'Etat n'avait pas su gouverner pour le bien du peuple.

« Charles X par *ses fatales ordonnances* occasionna une
» révolution, il fut précipité de son trône parce qu'il n'avait pas
» compris son siècle, ni su gouverner dans le plus grand in-
» térêt du peuple. « Le *Palais des Tuileries* par l'abbé Denys,
» curé de Saint-Eloi, à Paris. Page 114. »

tion qu'il dirige peut être renversé, n'est point nouvelle. Elle remonte à la plus haute antiquité, 2205 ans au moins avant Jésus-Christ, ainsi que nous l'apprend le *Chou-King*, un des livres sacrés des penseurs de la Chine. Le *Chou-King* déclare hautement que « l'exercice de la souveraineté n'est » que l'accomplissement d'un mandat céleste au » profit de tous, qu'une noble et grande mission » confiée au plus dévoué et au plus digne, mission » qui *doit être retirée dès que le mandataire* » *manque à son mandat.* »

Le coup de Décembre a été, je pense l'avoir démontré suffisamment, une faute impardonnable, car en tous temps, en tous lieux et en tous pays, un coup de force de cette nature est, et a toujours été stigmatisé comme contraire aux lois divines et humaines.

Qu'il me soit permis en terminant de féliciter le *Petit Caporal* de compter parmi ses fidèles des poètes aussi distingués que celui qui, dans le numéro du 10 mars, nous fait savourer cette poésie délicieuse :

LE PETIT CAPORAL

C'est ton nom radieux, plein de sainte espérance ;
Il resplendit là-bas, comme un second soleil,

Il réchauffe nos cœurs et sourit à la France,
Attendant, calme et sûr, l'heure du grand réveil.

Salut ! ô lumineuse et vaste silhouette,
Salut ! ô cher drapeau par les balles percé,
Salut ! toi qui berças mes rêves de poète
Dans l'étincellement radieux du passé.

Des grenadiers, jadis, tes paroles brûlantes
Excitaient l'enthousiasme ; aussi sur les remparts,
Ils couraient aux éclats des fanfares brillantes,
Des Alpes à l'Oural, planter nos étendards.

Tu reparais à nous avec ta grande image
Et des humbles galons de *petit caporal*.
Salut, géant martyr ! — J'entends dans un nuage
Des échos précurseurs qu'apporte le mistral.

Peuple, je te convie à la légende sainte,
Aux magiques essors de nos drapeaux ailés,
Aux glorieux souvenirs dont l'Europe est empreinte,
Et qu'ils ont vainement cru nous avoir volés.

Il s'est fait tout petit pour nous être accessible,
Mais il restera grand pour triompher du mal.
Peuple ! veux-tu revoir ton pays invincible,
Mets ta main dans la main du *petit caporal*.

F. R.

Mais comme des goûts et des couleurs on ne saurait discuter, nous déclarons toutefois préférer le poète académicien Autran mort récemment, au poète **F. R.** du *Petit Caporal* ; aussi recomman-

dons-nous à tous le sonnet suivant sur la mort de
celui que Victor Hugo a appelé Napoléon le Petit.

D'un véritable chef s'il avait eu la taille,
S'il avait eu le cœur fait comme un cœur humain,
Il aurait pu tomber sur le champ de bataille,
Le désespoir dans l'âme et l'épée à la main.

Mais non surpris un jour par un flot de mitraille,
Il préféra sauter sur le bord du chemin
Et, devant l'univers qui s'étonne et le raille,
Disputer à la mort un chétif lendemain,

Eh bien, ce lendemain le voilà qui s'achève,
Vainement du péril il crut se dégager,
La mort sous son niveau fut prompte à le ranger.

Il n'est plus, son pouvoir a passé comme un rêve,
Et rien n'en restera que cette ligne brève,
Il abaissa la France et grandit l'étranger.

VERSAILLES. — IMPRIMERIE CERF ET FILS, 59, RUE DUPLESSIS.

LIBRAIRIE ANCIENNE & MODERNE DE Mme MARIE BLANC

54, RUE DOMBASLE, PARIS.

UNE PAGE DE L'HISTOIRE

DE LA

VILLE DE METZ

Par LOUIS DE VALLIÈRES.

Un volume in-18 carré, prix franco . . . . 1 *fr.*

La ville de Metz que le sort des armes a placé sous un joug odieux, n'a jamais été une ville allemande ; à la mort de Clovis, elle fut la capitale du royaume d'Austrasie ; au moyen-âge, elle forma avec son territoire une République indépendante qui sut constamment défendre ses droits contre les Allemands à qui elle infligea plus d'une sanglante défaite.

C'est cette période de l'histoire de notre ville-sœur que M. LOUIS DE VALLIÈRES, connu par ses nombreux écrits, a reproduit dans le cadre émouvant et intéressant d'un roman bien conçu ; on y voit revivre ces braves Messins d'alors, braves comme leur épée, loyaux et fidèles ; on pénètre dans les mœurs intimes du temps, et il semble que, par une sorte de magie, on soit transporté au moyen-âge.

Ce livre est un hommage rendu à l'infortunée cité de Metz qui gémit actuellement dans les fers ; c'est une protestation contre les assertions des pédants d'outre-Rhin qui osent revendiquer Metz comme une ville allemande ; enfin c'est un espoir que les fils de ceux qui ont fait autrefois si lourdement sentir le poids de leurs bras aux Allemands verront un jour les aigles allemandes s'enfuir devant le drapeau tricolore.

Aussi espérons que chacun tiendra à honneur de posséder cet ouvrage si émouvant et si intéressant.

Envoi franco contre timbres-poste.

VERSAILLES. — IMPRIMERIE CERF ET FILS, 59, RUE DUPLESSIS.